OPLÀ

5 anni

ELI

PRESENTAZIONE

I quaderni operativi **OPLA'** costituiscono un percorso esplorativo che sviluppa e approfondisce cinque progetti diversi attraverso stimolanti attività diversificate e graduate in cui al bambino, punto centrale dell'attività didattica, viene offerta l'opportunità di scoprire, conoscere e consolidare le proprie abilità sviluppandole in competenze.

I quaderni operativi **OPLA'** rappresentano un valido strumento metodologico che guida il bambino nell'esplorazione delle proprie abilità relative ad ogni e a tutti i quattro campi d'esperienza:
• Il sé e l'altro
• Corpo, movimento e salute
• Fruizione e produzione di messaggi
• Esplorare, conoscere e progettare

Tutte le attività proposte, graduate e basate sugli Orientamenti per la definizione dei Piani Personalizzati delle Attività Educative, stimolano l'interesse, la curiosità e il desiderio di esplorare e di apprendere dei bambini poiché prendono spunto dall'esperienza diretta e quotidiana degli alunni, dall'osservazione e dalla scoperta del reale, nonché dalla sperimentazione di come le innate capacità creative possano agire sulla realtà modificandola.

I quaderni operativi **OPLA'** si connotano per una spiccata coerenza e flessibilità; consentono, infatti, agli insegnanti di poter utilizzare le attività proposte come input per intraprendere percorsi progettuali trasversali più ampi, adeguando il testo alle reali e contingenti richieste e necessità degli alunni formulando Piani di Studio Personalizzati.
Il quaderno operativo proposto per i bambini di 5 anni, offre, inoltre, attività mirate ad un primo approccio ai codici alfabetico e alfanumerico.

Le situazioni motivanti proposte nei testi possono essere integrate, ampliate ed approfondite attraverso suggerimenti proposti nella guida per l'insegnante Dalle abilità alle competenze, corredata da schede fotocopiabili, due audiocd e dai portfolio fotocopiabili per i bambini di 3, 4 e 5 anni.

© 2004 - ELI s.r.l.
Casella Postale 6 - Recanati - Italia
Tel. +39/071/750701 - Fax +39/071/977851
E-mail: info@elionline.com - www.elionline.com

OPLÀ
di: Maria Grazia Bertarini
Illustrazioni di: Raffaella Ligi
Copertina: Studio Cornell sas

Stampato in Italia presso la Tecnostampa 04.83.159.0

ISBN 88 - 536 - 0218 - X

INDICE DEGLI OBIETTIVI

MI CHIAMO ....

LA MIA SCUOLA È ....

IO VENGO A SCUOLA COSÌ.

Attività: colora chi va scuola come te.
Competenze: individuare situazioni. Leggere immagini.

A SCUOLA INCONTRO I MIEI AMICI: MASCHI E FEMMINE.

Attività: colora un lecca lecca alla fragola per ogni bambina della tua sezione e un lecca lecca alla menta per ogni bambino.

Competenze: riconoscere e rafforzare la propria identità sessuale. Registrare quantità.

7

GAURDATE CHE BEL FACCINO! QUESTO SONO IO.

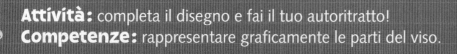

Attività: completa il disegno e fai il tuo autoritratto!
Competenze: rappresentare graficamente le parti del viso.

8

CHE COSA SENTONO LE MIE ORECCHIE!?

Attività: colora solo gli elementi che fanno rumore poi imitali. Qual è un rumore che ti dà proprio fastidio?

Competenze: riconoscere la funzione degli organi di senso. Percepire e discriminare stimoli uditivi.

9

Attività: cerca una scarpa e colorala con il tuo colore preferito.

Competenze: riconoscere la funzione degli organi di senso. Percepire e discriminare stimoli visivi.

CHE COSA SENTE IL MIO NASINO!?

Attività: colora solo ciò che ha un buon profumo.
Competenze: riconoscere la funzione degli organi di senso. Percepire e discriminare stimoli olfattivi.

COME È BELLO MORBIDINO!

Attività: incolla dell'ovatta sul giocattolo morbido e colora con carta da collage il giocattolo duro.
Competenze: riconoscere la funzione degli organi di senso. Percepire e discriminare stimoli tattili.

MM... È DOLCE!

Attività: colora solo i cibi dolci.
Competenze: riconoscere la funzione degli organi di senso. percepire e discriminare
stimoli gustativi.

13

Attività: metti la colla sulle caselle azzurre e incolla le parti del corpo che hai ritagliato a pagina 15 o 16.

Competenze: ricomporre lo schema corporeo. Rafforzare la propria identità sessuale.

Attività: ritaglia lungo il tratteggio e ricomponi il corpo nella cornicetta a pagina 14.
Competenze: riconoscere e denominare le parti del corpo.

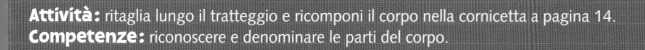

15

Attività: ritaglia lungo il tratteggio e ricomponi il corpo nella cornicetta a pagina 14.
Competenze: riconoscere e denominare le parti del corpo.

Attività: aiuta il bambino e completa il suo disegno.
Competenze: completare lo schema corporeo.

17

GIOCHIAMO AGLI ANIMALETTI!

Attività: colora i bambini. Poi collega ogni bambino l'animale che sta imitando.
Competenze: stabilire relazioni logiche.

18

Attività: collega con una linea i bambini che sono nella stessa posizione.
Competenze: riconoscere i piani frontali: davanti-dietro e stabilire relazioni logiche.

19

FACCIAMOCI BELLI...

Attività: cerca tra gli adesivi il bambino e la bambina e incollali al posto giusto. Racconta come erano e come hanno fatto a farsi belli.

Competenze: riconoscere alcune semplici norme igieniche. Compiere relazioni logiche secondo il criterio prima-dopo. Rafforzare la propria autonomia.

... E FACCIAMO UN BEL SORRISO!

◯ ◯ ◯

◯ ◯ ◯

◯ ◯ ◯

Attività: riordina la sequenza colorando il numero esatto di pallini.
Competenze: conoscere alcune semplici norme igieniche. Riordinare una sequenza.

21

MELA

PULCINO

Attività: colora ogni elemento con il colore appropriato. Di che colore è il palloncino?
Competenze: utilizzare in modo appropriato i colori: giallo e rosso.

PALLONCINO   RANA

Attività: colora ogni elemento con il colore appropriato. Di che colore è la rana?
Competenze: utilizzare in modo appropriato i colori: blu e verde.

23

E SE IL ROSSO E IL GIALLO SI DANNO LA MANINA COLORERÒ LA...

Attívità: mischia la tempera rossa e gialla e colora *la farfallina* con il pennello.
Competenze: scoprire attraverso mescolanze il colore arancione ed utilizzarlo in modo appropriato.

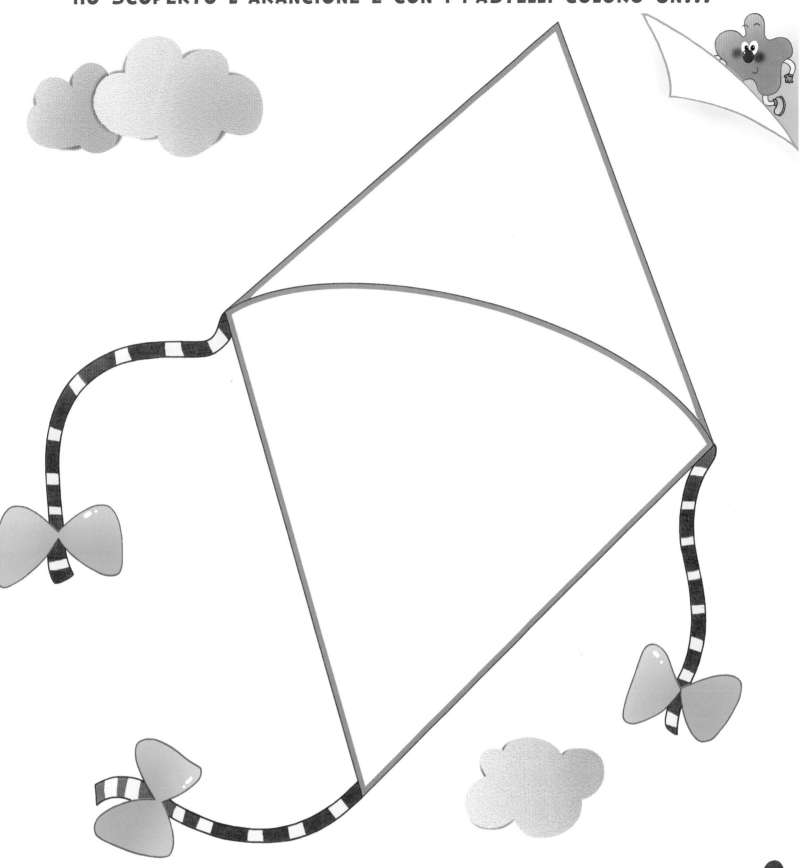

Attività: scegli il pastello arancione e colora *l'aquilone*.
Competenze: riconoscere ed utilizzare il colore arancione.

SE IL GIALLO E IL BLU SI DANNO UN BACINO O COLORERÒ UN...

Attività: mischia la tempera gialla e blu e colora *il trenino* con il pennello.

Competenze: scoprire attraverso mescolanze il colore verde ed utilizzarlo in modo appropriato.

HO SCOPERTO COME NASCE IL VERDE E CON TANTE RIGHETTE COLORO UN...

Attività: scegli il pennarello narde e colora *il serpente* tracciando tante righette una vicina all'altra.
Competenze: riconoscere ed utilizzare il colore verde. Sperimentare tecniche grafico-pittoriche diverse.

SE IL BLU E IL ROSSO FANNO UN BALLETTO COLORERÒ UN...

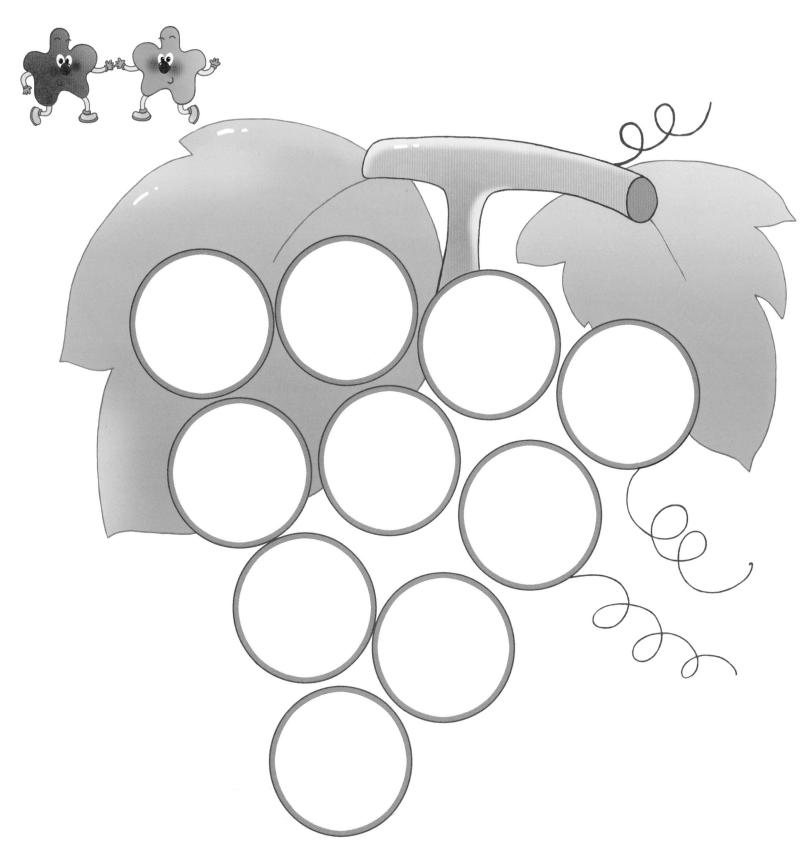

Attività: mischia la tempera rossa e blu e colora *il grappoletto* d'uva con il pennello.
Competenze: scoprire attraverso mescolanze il colore viola.

Attività: scegli il pennarello viola e colora *i fiorellini* con i pennarelli, utilizzando la tecnica della puntinatura.

Competenze: riconoscere ed utilizzare il colore viola. Sperimentare tecniche grafico-pittoriche diverse.

SE IL ROSSO, IL GIALLO E IL BLU
GIRANO MOLTO VELOCI COLORERÒ DUE GRANDI...

Attività: mischia la tempera rossa, gialla e blu e colora *le noci* con il pennello.
Competenze: scoprire attraverso mescolanze il colore marrone.

Attività: scegli il pastello a cera marrone e colora *il cagnolone*.

Competenze: riconoscere ed utilizzare il colore marrone.

GIOCO CON L'ARTE.

Attività: osserva il bellissimo quadro di Mirò. Alcune forme sembrano animali. Sai trovarli?
Competenze: migliorare la discriminazione visiva. Familiarizzare con le opere d'arte.

Attività: disegna l'animale che ti ricordano i particolari riprodotti. Riesci a vedere altri animali?
Competenze: sviluppare la creatività.

33

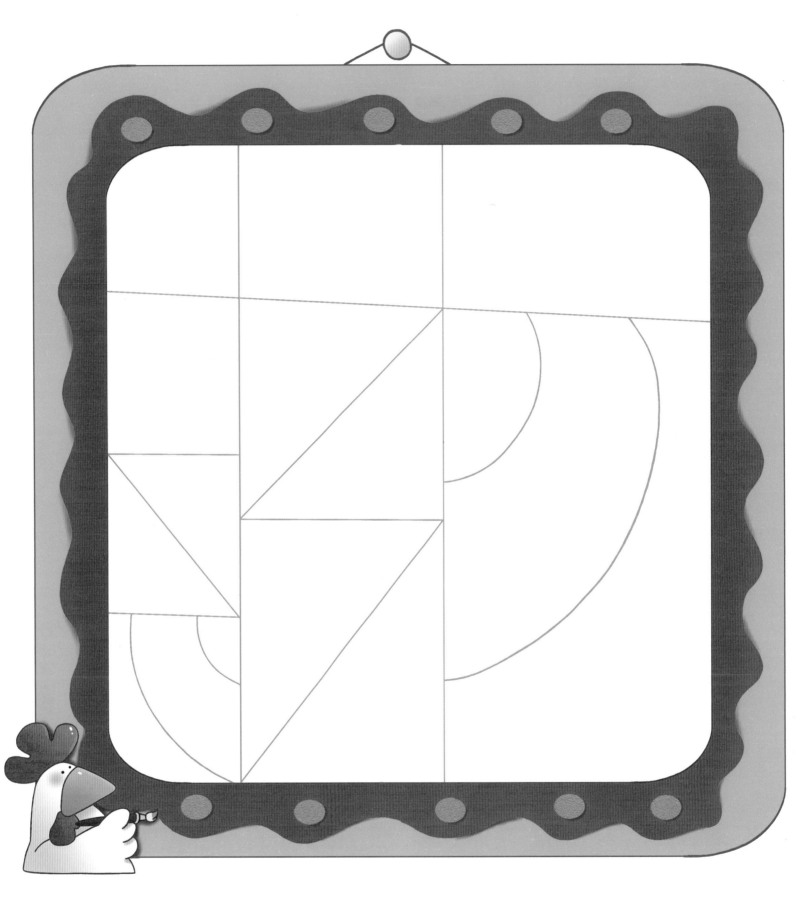

Attività: dipingi il quadro utilizzando i colori che piacciono a te.
Competenze: sviluppare il gusto cromatico.

L'ALBERO CARLETTO E L'AUTUNNO

Attività: leggi le immagini e ascolta la storia di Carletto.
Competenze: ascoltare e comprendere un testo orale. Leggere immagini.
Riconoscere gli elementi che caratterizzano l'autunno.

L'ALBERO HA UNA CHIOMA MOLTO COLORATA.

Attività: l'intingi una foglia nella tempera gialla e una nella tempera rossa, poi stampa tante foglie gialle sotto l'albero e poche foglie rosse sulla chioma di Carletto.

Competenze: discriminare i concetti topologici sopra-sotto i criteri di quantità: tanti-pochi. Conoscere gli elementi che caratterizzano l'autunno.

OH, COME CADONO LE FOGLIE!

Attività: completa i tratteggi.
Competenze: esercitare abilità grafo-motorie. Conoscere gli elementi
che caratterizzano l'autunno.

37

PIOVE... PIOVE. COPRIAMOCI BENE!

Attività: cancella con una crocetta l'intruso da ogni insieme. Tu bene cosa indossi quando piove?

Competenze: riconoscere l'appartenenza o non di un elemento ad un insieme.
Verbalizzare esperienze di vissuto personale. Conoscere gli elementi che caratterizzano l'autunno.

CHE BELLO CAMMINARE SOTTO L'OMBRELLO.

Attività: completa l'ombrello e coloralo rispettando la simmetria.
Competenze: completare una simmetria.

39

QUANTI FRUTTI PORTA L'AUTUNNO!

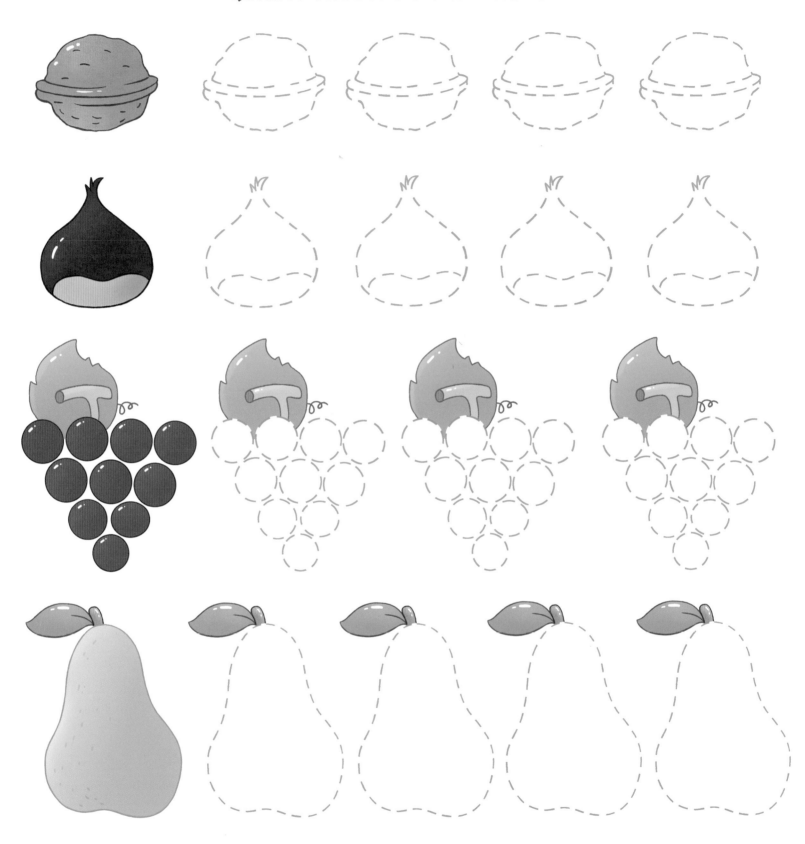

Attività: ripassa il tratteggio. Poi colora i frutti dell'autunno.
Competenze: conoscere alcuni frutti autunnali.

CHE COSA È SUCCESSO?

Attività: che cosa succederà a questa mela? Cerca è tra gli sucdesivi e completa la sequenza.
Competenze: completare una sequenza. Fare ipotesi e saperle comunicare.

Attività: ricopia i funghetti nei cerchi rispettando l'ordine crescente: piccolo, medio, grande.
Competenze: completare una simmetria.

Attività: registra la quantità di pallini su ogni fungo colorando i quadretti. Poi colora solo il fungo con meno pallini.

Competenze: registrare quantità. Discriminare quantità secondo il criterio di più-di meno. Conoscere alcuni frutti autunnali.

ORSO

RICCIO

FUNGO SCOIATTOLO

Attività: ripassa il tratteggio e scrivi le parole. Manca uno degli amici di Carletto.
Cercalo tra gli adesivi.
Competenze: avviare alla motricità manuale fine.

CHE BRAVI MUSICISTI!

Attività: quali strumenti stanno suonando gli animaletti. Cerca tra gli adesivi e dai ad ognuno lo strumento appropriato.

Competenze: compiere relazioni logiche. Conoscere alcuni strumenti musicali.

CARLETTO ERA TRISTE, MA ORA È FELICE.

Attività: completa Carletto. Disegnagli prima una bocca triste è poi una felice.
Competenze: riconoscere ed esprimere graficamente le emozioni.

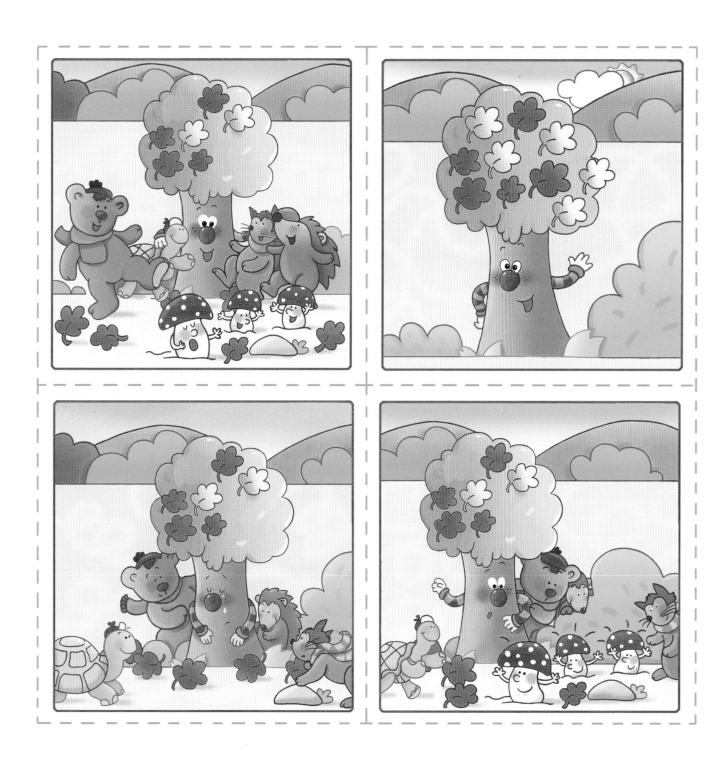

Attività: ascolta bene la storia. Ritaglia le immagini e incollale a pagina 49 in ordine cronologico.
Competenze: individuare e ricreare l'ordine logico e cronologico delle sequenze di una storia.
Conoscere gli elementi che caratterizzano l'autunno.

Attività: incolla qui le immagini di pagina 47 e ricostruisci la storia di Carletto in autunno.
Competenze: individuare e ricreare l'ordine logico e cronologico delle sequenze di una storia.
Conoscere gli elementi che caratterizzano l'autunno.

49

CHE COSA SUCCEDERÀ A CARLETTO?

AUTUNNO

INVERNO

Attività: osserva i paesaggi. Poi completa la chioma dell'albero con gli adesivi appropriati e racconta che cosa è sucesso all'albero Carletto.

Competenze: compiere relazioni logiche. Leggere e verbalizzare immagini.

PRIMAVERA

ESTATE

Attività: osserva i paesaggi. Poi completa la chioma dell'albero con gli adesivi appropriati e racconta che cosa è sucesso all'albero Carletto.

Competenze: compiere relazioni logiche. Leggere e verbalizzare immagini.

51

CHE FREDDO CHE FA! MOLI ANIMALETTI SI PREPARANO AL LETARGO.

Attività: colora solo gli animali che vanno in letargo.
Competenze: conoscere il comportamento di alcuni animali in autunno.

L'ALBERO CARLETTO E L'INVERNO.

Attività: leggi le immagini e ascolta la storia di Carletto.
Competenze: ascoltare e comprendere un testo orale. Leggere immagini.
Riconoscere gli elementi che caratterizzano l'inverno.

54

Attività: c'è qualcosa che non va. Intingi l'indice nella tempera bianca e ricopri di neve gli elementi intrusi.

Competenze: conoscere gli elementi che caratterizzano l'inverno.

LA NEVE HA NASCOSTO OGNI COSA.

Attività: la neve ha nascosto una fontanella, una bicicletta e una cassetta per la posta.
Riesci a trovarle nel paesaggio? Incolla tanti coriandoli bianchi e fai la neve.
Competenze: compiere corrispondenze logiche. Conoscere gli elementi che caratterizzano
l'inverno.

Attività: osserva le foto dei due pupazzi di neve e trova le differenze.
Competenze: migliorare la discriminazione visiva. Conoscere gli elementi che caratterizzano l'inverno.

Attività: colora la tuta del primo bambino della fila di giallo e quella dell'ultimo di rosso.
Competenze: discriminare i concetti: primo-ultimo. Conoscere i giochi invernali.

CHE COSA INDOSSI D'INVERNO?

Attività: ritaglia gli indumenti invernali e incollali nella valigia come indicato nella figura piccola.
Competenze: identificare e rispettare le posizioni in uno spazio dato.
Conoscere gli indumenti invernali.

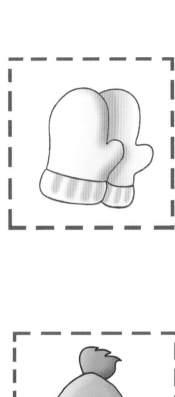

CHE GIOIA PATTINARE!

Attività: colora solo i bambini che vanno nella stessa direzione della freccia.
Competenze: riconoscere ed utilizzare il concetto di direzione.
Conoscere i giochi e gli sport invernali..

Attività: colora la stella cometa di giallo. Incolla fili di lana gialla e fai la paglia.
Competenze: conoscere elementi che caratterizzano la tradizione del Natale.
Utilizzare materiali e tecniche diversi.

Attività: colora la tunica dell'angioletto con porporina dorata e incolla carta velina rosa o azzurra sulle ali dell'angioletto. Ritaglia il biglietto e regalalo a chi vuoi.

Competenze: conoscere elementi e gesti che caratterizzano la tradizione del Natale. Utilizzare materiali e tecniche diversi.

È NATALE

E QUESTO ANGIOLETTO

DISEGNATO SUL MIO BIGLIETTO

È IL MIO AUGURIO MOLTO SINCERO

DI TANTA PACE E AMORE VERO.

BUON NATALE DA

....

64

Attività: completa il biglietto con il tuo nome.

I SIMBOLI DEL NATALE.

Attività: colora solo i simboli del Natale.
Competenze: riconoscere i simboli del Natale.

PREPARIAMO L'ALBERO DI NATALE.

Attività: colora le decorazioni dell'albero di Natale. Poi registra le quantità. Sono di più i fiocchetti o le campanelle?.

Competenze: conoscere elementi e che caratterizzano la tradizione del Natale. Registrare quantità.

BABBO NATALE PORTA I REGALI AI BAMBINI...

Attività: parti dal punto rosso, segui le frecce e accompagna Babbo Natale a consegnare i regali.
Competenze: orientarsi in uno spazio grafico. Decodificare un codice simbolico.
Riconoscere personaggi che caratterizzano la tradizione del Natale.

... E LA BEFANA RIEMPIE LE CALZE DI DOLCINI.

Attività: colora in modo appropriato stabilendo una corrispondenza forma-colore.
Competenze: colorare secondo una corrispondenza forma-colore. Conoscere elementi e situazioni che caratterizzano la tradizione del Natale.

Attività: disegna il regalo che ti piacerebbe ricevere per Natale. Chi te lo porterà?
Babbo Natale, la Befana, Gesù Bambino o...?
Competenze: conoscere elementi e gesti che caratterizzano la tradizione del Natale.
Esprimere le proprie preferenze.

CHE RIDERE A CARNEVALE!

Attività: colora il vestito del pagliaccio secondo il criterio di corrispondenza numero colore.
Competenze: colorare secondo una corrispondenza numero-colore.
Conoscere elementi e situazioni che caratterizzano la tradizione del Carnevale.

DAL CAPPELLO DEL PRESTIGIATORE ESCONO BUFFI ANIMALETTI.

Attività: cerca le forme tra gli adesivi e gioca anche tu al prestigiatore.
Competenze: utilizzare le forme per rappresentazioni grafiche.

Attività: chi ha trascorso il letargo in queste tane? Cerca tra gli adesivi e incolla ogni animaletto vicino alla propria tana.

Competenze: conoscere il comportamento di alcuni animali.

L'ALBERO CARLETTO E LA PRIMAVERA.

Attività: leggi le immagini e ascolta la storia di Carletto.
Competenze: ascoltare e comprendere un testo orale. Leggere immagini.
Riconoscere gli elementi che caratterizzano la primavera.

SULLA CHIOMA DI CARLETTO SONO SBOCCIATI I FIORELLINI.

74

Attività: disegna sulla chioma dell'albero tanti fiori quanti ce ne sono sul prato.
Competenze: discriminare il concetto di quantità tanti-quanti. Conoscere gli elementi che caratterizzano la primavera.

FIORI

ROSA

VIOLA

TULIPANO

Attività: ripassa il tratteggio e scrivi le parole. Due parole hanno la stessa lunghezza.
Trovale e cerchiale di rosso.
Competenze: avviare alla motricità manuale fine. Registrare quantità.

SUL PRATO VOLANO LE FARFALLE...

Attività: parti dal punto rosso, segui le freccie e accompagna la farfalla ai fiori.
Competenze: orientarsi in uno spazio grafico. Decodificare un codice simbolico.
Conoscere gli elementi che caratterizzano la primavera.

... E TRA L'ERBETTA CI SONO TANTI ANIMALETTI!

Attività: completa la griglia, rispettando le grandezze.
Competenze: seriare in ordine di grandezza.

77

OSSERVA LA STORIA DI UNA FARFALLA...

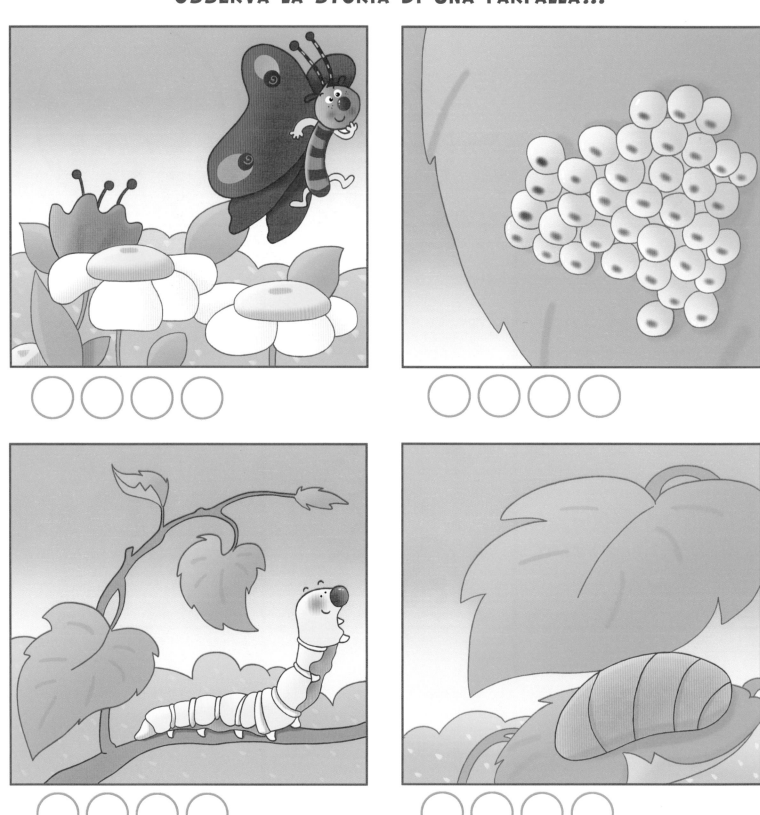

Attività: osserva le immagini e racconta la storia della farfalla.
Competenze: conoscere il ciclo vitale della farfalla. Riordinare una sequenza.

Attività: ritaglia le foto di Lalla e incollale sull'album a pagina 81 in ordine cronologico.
Competenze: identificare relazioni logiche-temporali.

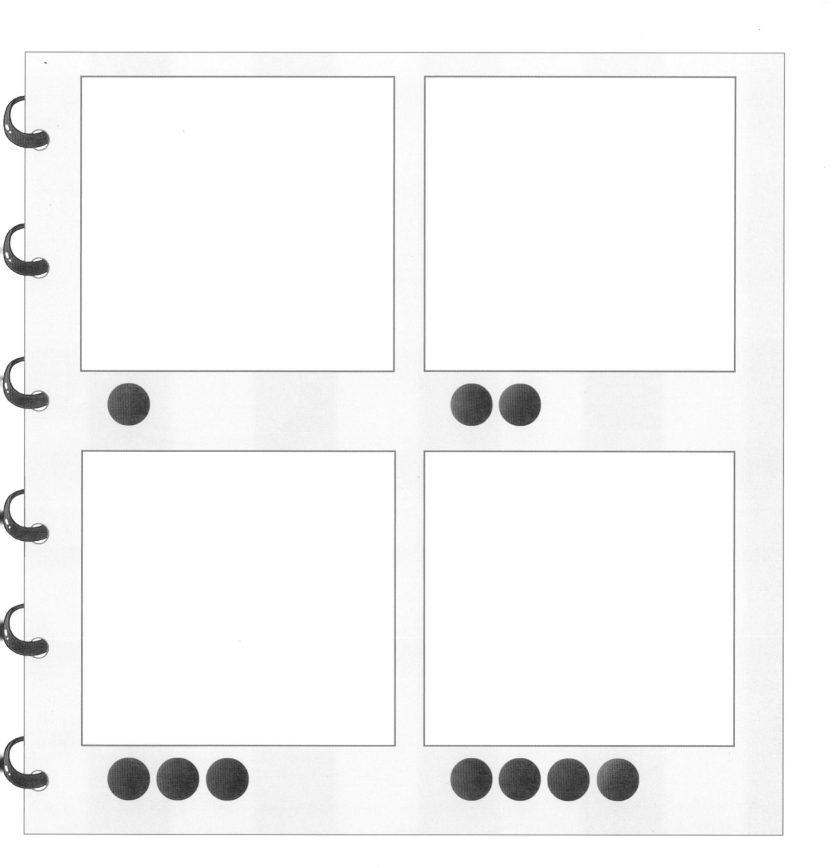

Attività: incolla le foto di Lalla in ordine cronologico. Attento ai pallini.
Competenze: decodificare un codice simbolico.

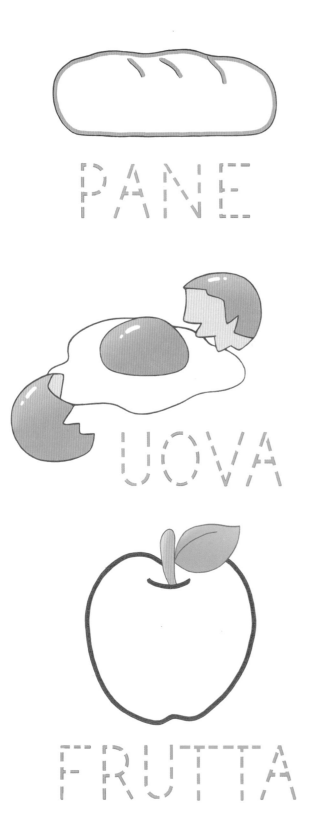

PANE

PASTA

UOVA

POLLO

FRUTTA

LATTE

Attività: ripassa le parole. Poi colora i cibi che ti piacciono di più.
Competenze: esprimere le proprie preferenze alimentari.

ESSERE EDUCATO A TAVOLA È IMPORTANTE.

Attività: colora solo i bambini che stanno a tavola con educazione.
Competenze: riconoscere comportamenti corretti.

ANCHE GLI ANIMALETTI MANGIANO PER DIVENTARE GRANDI.

Attività: disegna una carotina per ogni coniglietto, un pesciolino per ogni gattino e un ciuffetto d'erba per ogni agnellino.

Competenze: formare insiemi equipotenti. Conoscere le abitudini alimentari di alcuni animali.

84

ANIMALE O VEGETALE?

Attività: osserva gli elementi e colora solo gli animali.
Competenze: discriminare elementi secondo il criterio: animale-vegetale.

85

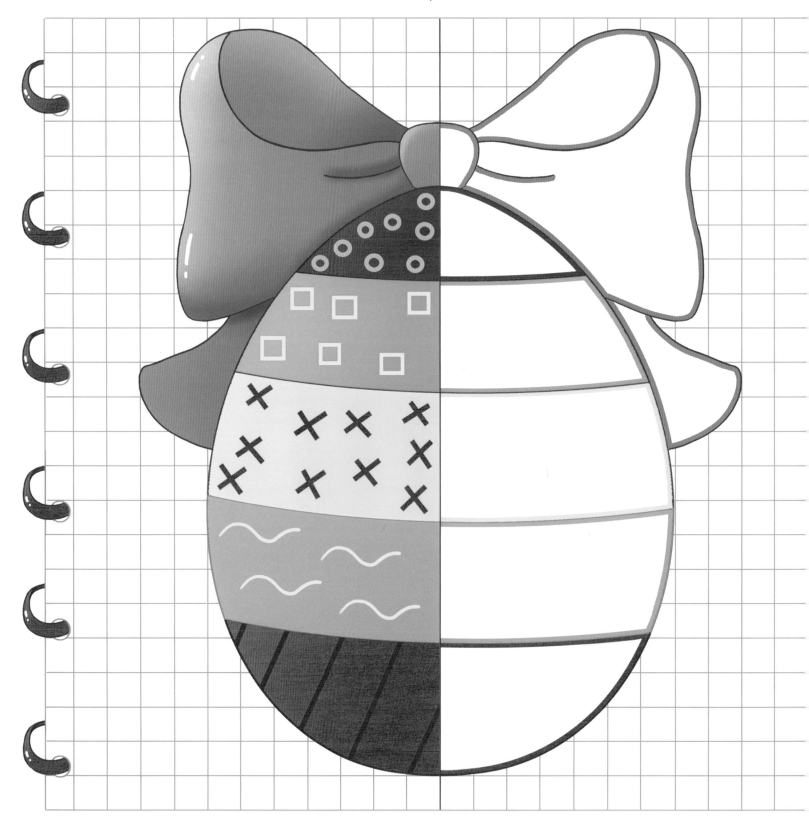

Attività: completa l'uovo.
Competenze: completare una simmetria. Conoscere elementi che caratterizzano la tradizione della Pasqua.

Attività : ritaglia il biglietto di pasqua e colora la colomba incollando zuccherini bianchi.
Competenze : conoscere elementi e gesti che caratterizzano la tradizione della Pasqua.
Utilizzare materiali e tecniche diversi.

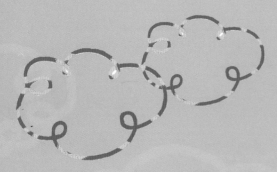

LA COLOMBA DI PASQUA VOLA NEL CIELO

E PORTA GIOIA AL MONDO INTERO

PORTA PACE E SERENITÀ

SUI MONTI, NEL MARE

IN CAMPAGNA E IN CITTÀ.

LA COLOMBA CHE VOLA NEL CIELO BLU

DICE ALLA GENTE DI AMARSI DI PIÙ.

BUONA PASQUA DA

....

Attività: completa il biglietto con il tuo nome.
Competenze: memorizzare filastrocche.

I SIMBOLI DELLA PASQUA.

Attività: colora solo i simboli della Pasqua.
Competenze: riconoscere i simboli della Pasqua.

89

GIORNO...

Attività: descrivi la scenetta e colora il cielo di giorno. Poi cerca tra gli adesivi il simbolo appropriato e incollalo nel cielo.

Competenze: riconoscere l'alternarsi del giorno e della notte. Compiere relazioni logiche.

Attività: descrivi la scenetta e colora il cielo di notte. Poi cerca tra gli adesivi il simbolo appropriato e incollalo nel cielo.

Competenze: riconoscere l'alternarsi del giorno e della notte. Compiere relazioni logiche.

CHE TRAFFICO IN CITTÀ!

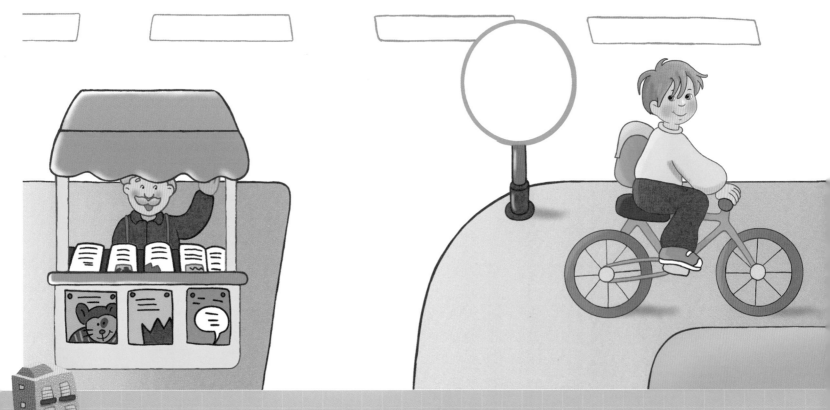

Attività: ritaglia i cartelli stradali e incollali al posto giusto. Poi racconta quello che sta succedendo.
Competenze: compiere relazioni logiche nella gestione dello spazio.

NON SI FA COSÌ!

Attività: osserva le immagini. Che cosa sta succedendo? Colora la palètta del vigile di verde vicino ai bambini che si comportano bene; colorala di rosso vicino ai bambini che si comportano male.
Competenze: riconoscere alcune regole di comportamento stradale.

LA CARTA È UN BENE PREZIOSO.

Attività: aiuta la bambina a raccogliere la carta. Con una linea porta nel sacco solo i rifiuti di carta.
Competenze: individuare comportamenti ambientali corretti. Riconoscere alcuni materiali.

LA RACCOLTA DIFFERENZIATA.

Attività: racchiudi con una linea rossa i rifiuti di plastica.
Competenze: individuare comportamenti ambientali corretti. Riconoscere alcuni materiali.

L'ALBERO CARLETTO E L'ESTATE.

Attività: leggi le immagini e ascolta la storia di Carletto.
Competenze: ascoltare e comprendere un testo orale. Leggere immagini.
Riconoscere gli elementi che caratterizzano l'estate.

QUANTE MELE SULLA CHIOMA DI CARLETTO!

Attività: colora 3 mele di verde e 3 di rosso.
Competenze: associare un simbolo numerico alla quantità.

MELE GIALLE, ROSSE, VERDI...

Attività: colora solo le mele non rosse.
Competenze: comprendere il significato della negazione *non*.

99

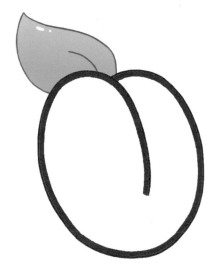

SUSINA

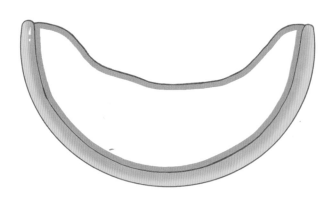

MELONE

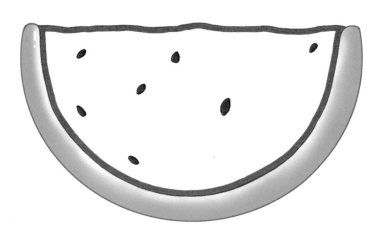

ANGURIA

PESCA

Attività: ripassa le scritte e colora la frutta.
Competenze: conoscere alcuni frutti dell'estate. Avviare alla motricità manuale fine.

TI PIACE IL GELATO?

Attività: completa la coppa di gelato in modo simmetrico.
Competenze: completare una simmetria.

Attività: ritaglia gli animali a pagina 103 e incollali al posto giusto.
Competenze: conoscere alcuni animali e il loro habitat.

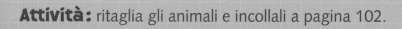

Attività: ritaglia gli animali e incollali a pagina 102.

QUANTE CONCHIGLIE!

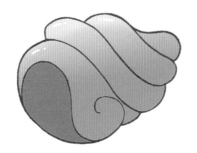

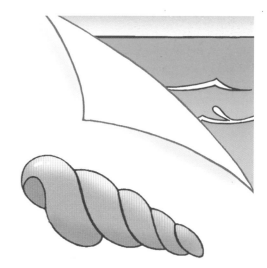

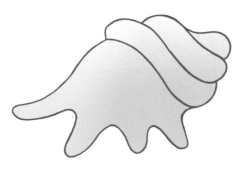

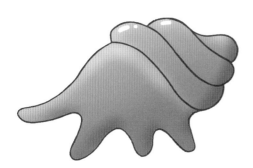

Attività: con una linea, forma coppie di conchiglie uguali.
Competenze: migliorare la discriminazione visiva e l'attenzione.

Attività: colora di azzurro la conchiglia vicina al cavalluccio e di rosa quella lontana.
Competenze: compiere relazioni logiche nella gestione dello spazio.

Attività: colora di giallo la stella marina sopra lo scoglio e di rosso quella sotto lo scoglio.
Competenze: compiere relazioni logiche nella gestione dello spazio.

I PESCIOLINI NUOTANO COSÌ.

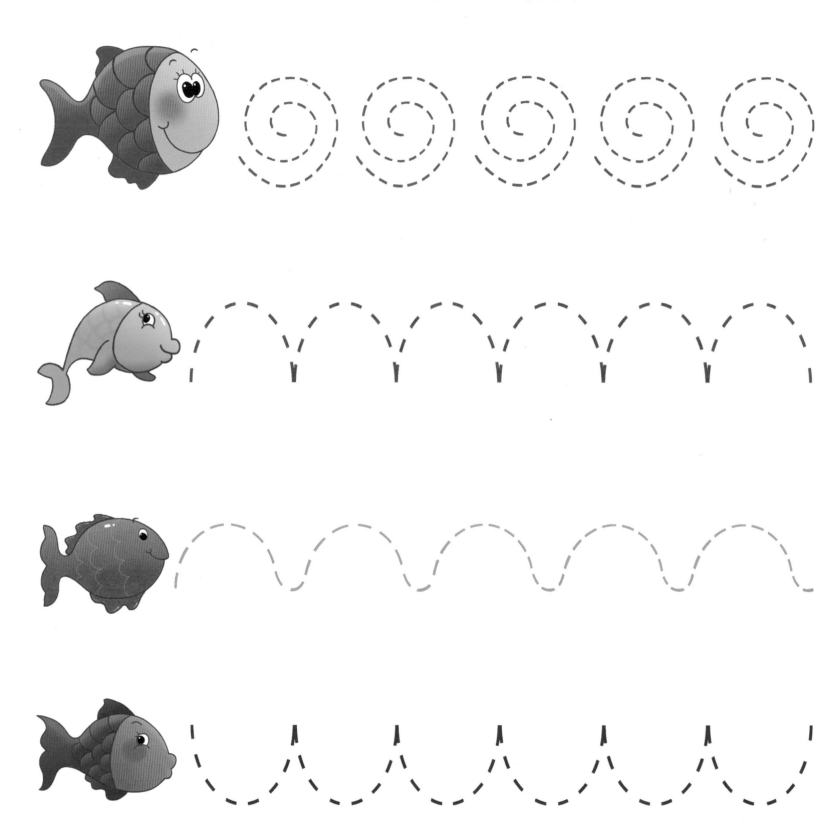

Attività: ripassa il tratteggio e fai nuotare i pesciolini.
Competenze: esercitare l'attività grafo-motoria.

PRECALCOLO

1 2 3

LA  FA COCCODÈ

4 5 6

I  INTORNO A LEI

7 8 9

HANNO TUTTI LE  NUOVE

Attività: impara la filastrocca dei numeri.
Competenze: memorizzare semplici filastrocche.

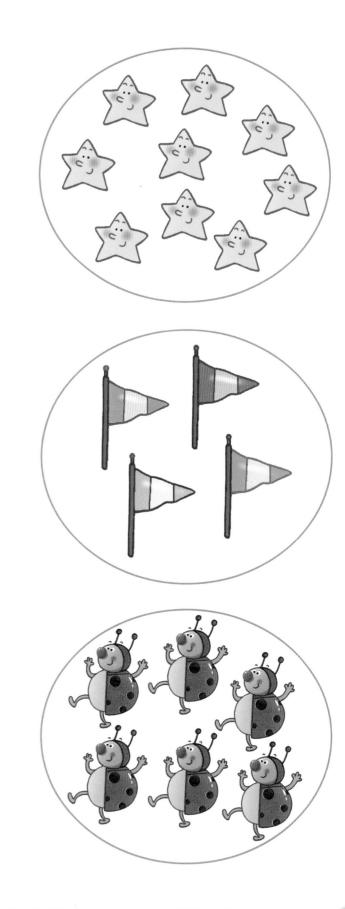

Attività: collega con una linea gli insiemi che contengono lo stesso numero di elementi.
Competenze: individuare insiemi equipotenti.

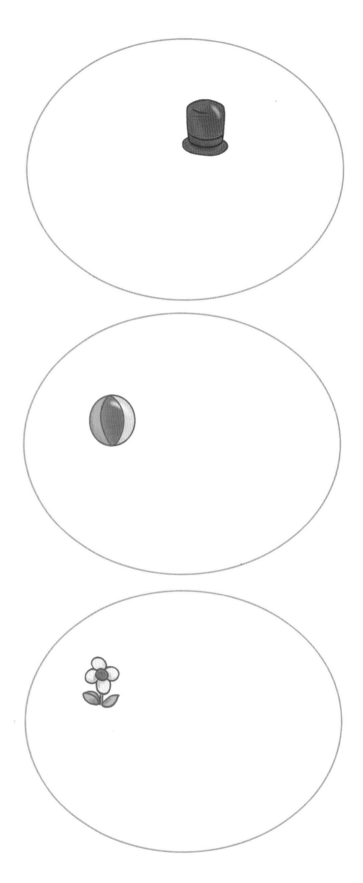

111

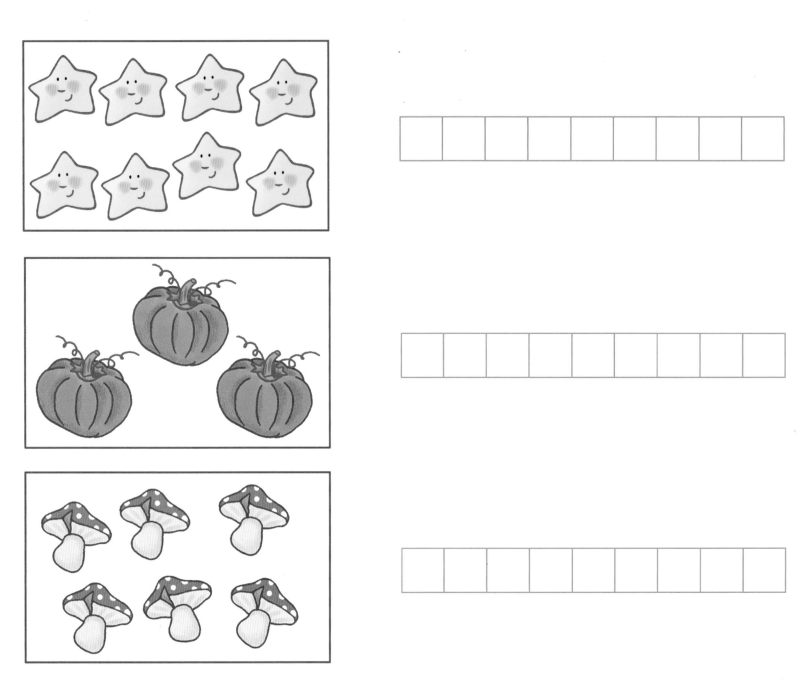

Attività: colora un quadratino per ogni elemento contenuto nell'insieme.
Competenze: rappresentare quantità.

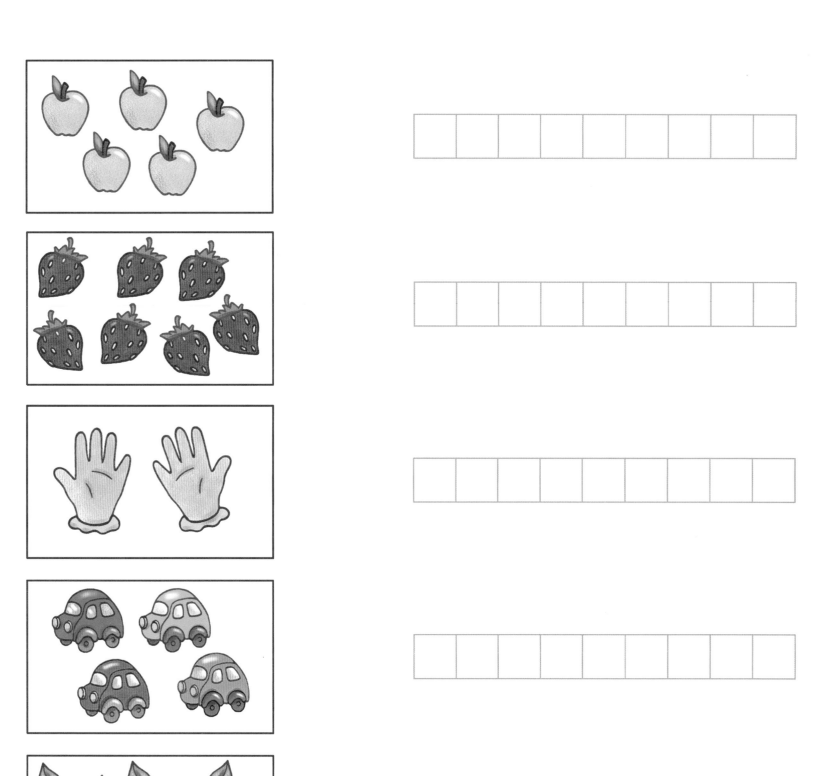

Attività: colora un quadratino per ogni elemento contenuto nell'insieme.
Competenze: rappresentare quantità.

113

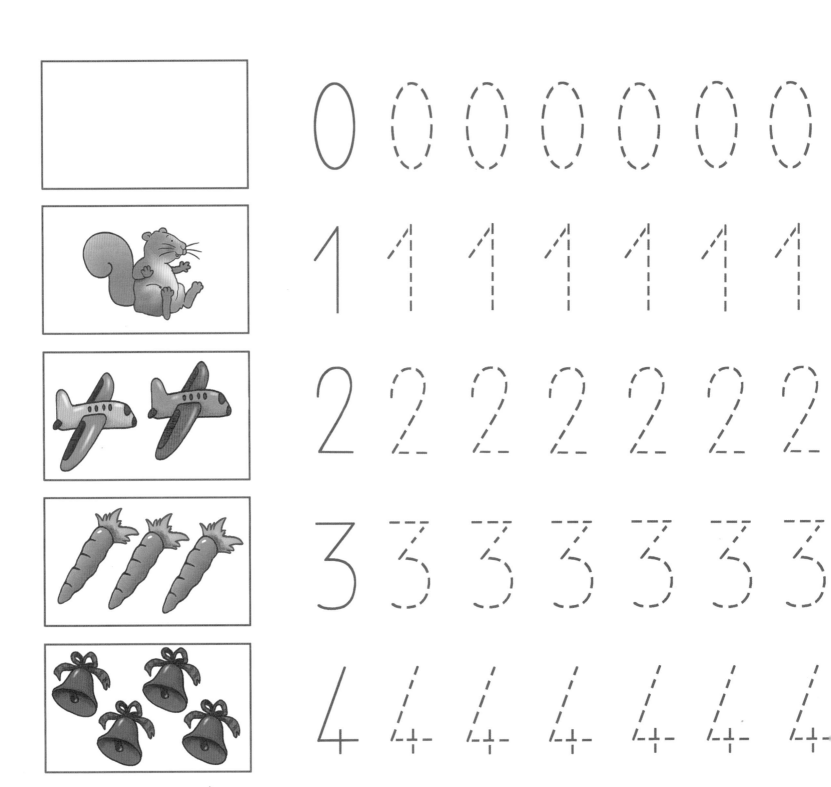

0 0 0 0 0 0 0

1 1 1 1 1 1 1

2 2 2 2 2 2 2

3 3 3 3 3 3 3

4 4 4 4 4 4 4

Attività: conta gli elementi di ogni insieme. Poi ripassa il tratteggio e scrivi i numeri.
Competenze: rappresentare quantità.

114

5 5 5 5 5 5 5 5

6 6 6 6 6 6 6 6

7 7 7 7 7 7 7 7

8 8 8 8 8 8 8 8

9 9 9 9 9 9 9 9

Attívità: conta gli elementi di ogni insieme. Poi ripassa il tratteggio e scrivi i numeri.
Competenze: rappresentare quantità.

115

0   1   2   3   4

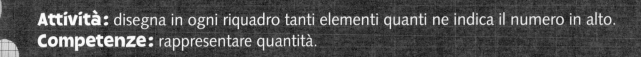

Attività: disegna in ogni riquadro tanti elementi quanti ne indica il numero in alto.
Competenze: rappresentare quantità.

0   1   2   3   4

Attività: disegna in ogni riquadro tanti elementi quanti ne indica il numero in alto.
Competenze: rappresentare quantità.

117

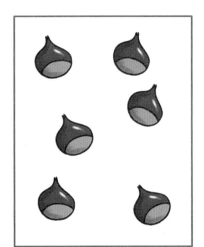

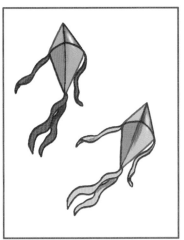

Attività: conta gli elementi di ogni insieme e scrivi il numero corrispondente.
Competenze: rappresentare quantità.

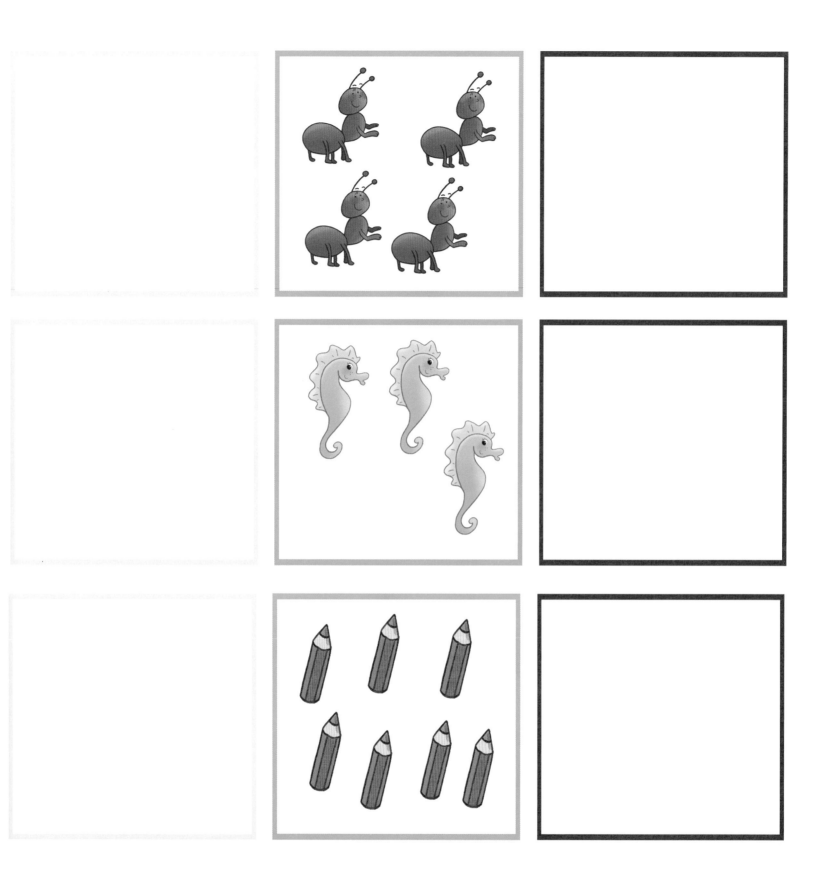

Attività: conta gli elementi di ogni insieme e disegnarne uno di meno nei quadrati gialli
e uno di più nei quadrati rossi.
Competenze: rappresentare quantità secondo il criterio: uno di meno - uno di più.

119

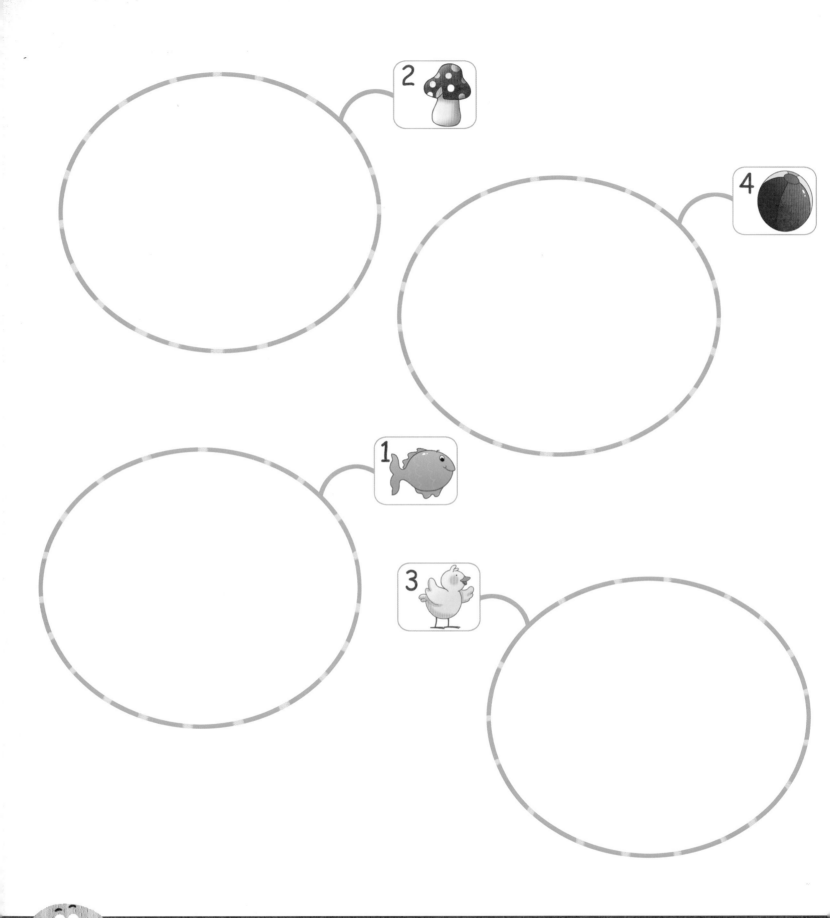

Attività: disegna in ogni insieme la quantità di elementi indicata.
Competenze: associare una quantità alla rappresentazione del simbolo numerico.

PRELETTURA - PRESCRITTURA

LA **A** è UNA CASETTA

LA **E** è UNA FORCHETTA

LA **O** UNA CIAMBELLA

LA **U** UNA SCODELLA

LA **I** BIRICHINA

FA COLAZIONE IN CUCINA.

Attività: impara la filastrocca delle vocali.
Competenze: memorizzare semplici filastrocche.

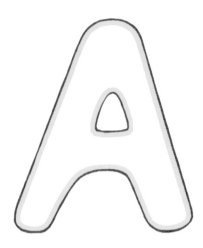

A

A A A A A A A A A A A A A

A P E

A P E

A N A N A S

A N A N A S

A M A C A

A M A C A

Attività: colora la lettera **A**. Ripassa il tratteggio e scrivi la parola. L'ananas è un frutto o una verdura?

Competenze: scoprire e conoscere la lettera **A**. Esercitare la scrittura.

122

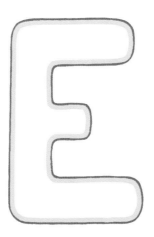

E

E E E E E E E E E E E E E E

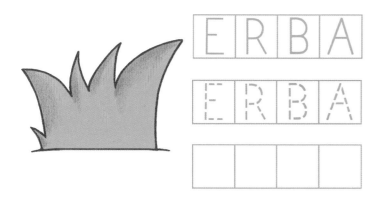

ERBA

ERBA

| | | | |

ELICA

ELICA

| | | | |

ELEFANTE

ELEFANTE

| | | | | | | | |

Attività : colora la lettera **E**. Ripassa il tratteggio e scrivi la parola. Tu sei più grande
o più piccolo di un elefante?
Competenze : scoprire e conoscere la lettera **E**. Esercitare la scrittura.

123

 ISOLA
ISOLA

 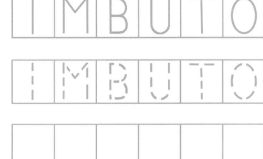 IMBUTO
IMBUTO

 INDIANO
INDIANO

Attività: colora la lettera I. Ripassa il tratteggio e scrivi la parola. Come ballano gli indiani?
Competenze: scoprire e conoscere la lettera I. Esercitare la scrittura.

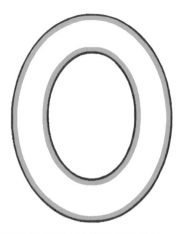

O O O O O O O O O O O O O O

ORSO

ORSO

☐☐☐☐

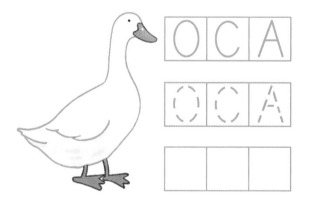

OCA

OCA

☐☐☐

OMBRELLO

OMBRELLO

☐☐☐☐☐☐☐☐

Attività: colora la lettera O. Ripassa il tratteggio e scrivi la parola. Quando usi l'ombrello? Perché?

Competenze: scoprire e conoscere la lettera O. Esercitare la scrittura.

125

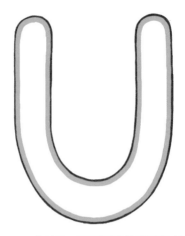

U U U U U U U U U U U U U U U

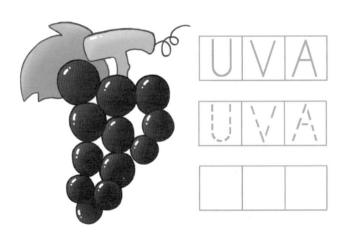

UVA

UVA

UOVO

UOVO

UCCELLO

UCCELLO

Attività: colora la lettera **U**. Ripassa il tratteggio e scrivi la parola. Da dove nasce l'uccellino? E tu da dove sei nato?

Competenze: scoprire e conoscere la lettera **U**. Esercitare la scrittura.

B B B B B B B B B B B B B

BALENA
BALENA

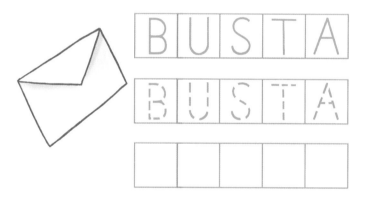

BUSTA
BUSTA

BAMBOLA
BAMBOLA

Attività: colora la lettera **B**. Ripassa il tratteggio e scrivi la parola. Le bambole sono animali?
Competenze: scoprire e conoscere la lettera **B**. Esercitare la scrittura.

127

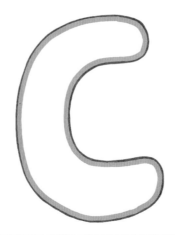

C C C C C C C C C C C C C

CASA

CASA

☐☐☐☐

CANE

CANE

☐☐☐☐

CANGURO

CANGURO

☐☐☐☐☐☐☐

Attività: colora la lettera **C**. Ripassa il tratteggio e scrivi la parola. Il canguro vola?
Che azione fa?
Competenze: scoprire e conoscere la lettera **C**. Esercitare la scrittura.

D D D D D D D D D D D D

DADO

DADO

☐☐☐☐

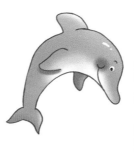

DELFINO

DELFINO

☐☐☐☐☐☐☐

DINOSAURO

DINOSAURO

☐☐☐☐☐☐☐☐☐

Attività: colora la lettera **D**. Ripassa il tratteggio e scrivi la parola. Quanto è grande un dinosauro?
Competenze: scoprire e conoscere la lettera **D**. Esercitare la scrittura.

129

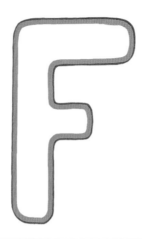

F

F F F F F F F F F F F F

FATA

FATA

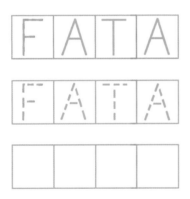

FIORE

FIORE

FARFALLA

FARFALLA

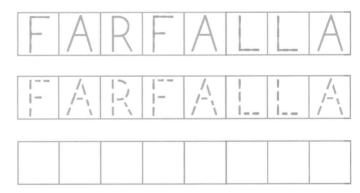

Attività: colora la lettera **F**. Ripassa il tratteggio e scrivi la parola. Di che colore sono i capelli della fata di Pinocchio?

Competenze: scoprire e conoscere la lettera **F**. Esercitare la scrittura.

130

G

G G G G G G G G G G G G G

GATTO

GATTO

GELATO

GELATO

GIRAFFA

GIRAFFA

Attività: colora la lettera **G**. Ripassa il tratteggio e scrivi la parola. Di che colore è il gelato al pistacchio?
Competenze: scoprire e conoscere la lettera **G**. Esercitare la scrittura.

131

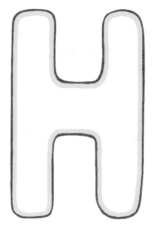

H

H H H H H H H H H H H H H H H H

HOTEL

HOTEL

HOSTESS

HOSTESS

HAMBURGER

HAMBURGER

Attività: colora la lettera **H**. Ripassa il tratteggio e scrivi la parola. Dove lavora la Hostess?
Competenze: scoprire e conoscere la lettera **H**. Esercitare la scrittura.

132

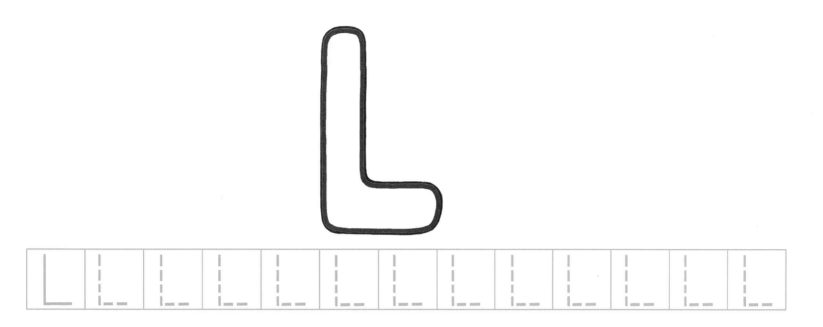

L

L L L L L L L L L L L L L L L L L

LUNA
LUNA

LEONE
LEONE

LIMONE
LIMONE

Attività: colora la lettera **L**. Ripassa il tratteggio e scrivi la parola. Che sapore ha il limone?
Competenze: scoprire e conoscere la lettera **L**. Esercitare la scrittura.

133

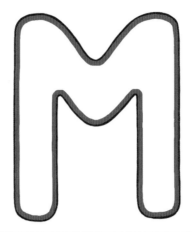

MELA
MELA

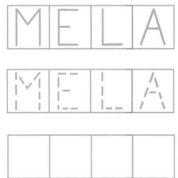

MANO
MANO

MUCCA
MUCCA

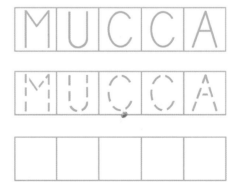

Attività: colora la lettera M. Ripassa il tratteggio e scrivi la parola. Come si chiama il piccolo della mucca?

Competenze: scoprire e conoscere la lettera M. Esercitare la scrittura.

134

N N N N N N N N N N N N N N

N I D O

N I D O

N A V E

N A V E

N U V O L A

N U V O L A

Attività: colora la lettera **N**. Ripassa il tratteggio e scrivi la parola. Sei mai stato su una nave?
Competenze: scoprire e conoscere la lettera **N**. Esercitare la scrittura.

135

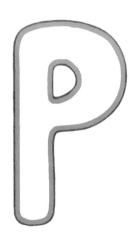

P P P P P P P P P P P P

PALLA

PALLA

PESCE

PESCE

POLIPO

POLIPO

Attività: colora la lettera **P**. Ripassa il tratteggio e scrivi la parola. Che giochi si fanno con la palla? Dinne almeno 3.

Competenze: scoprire e conoscere la lettera **P**. Esercitare la scrittura.

Q Q Q Q Q Q Q Q Q Q Q Q Q Q

2

4

5

QUADRO

QUADRO

Attività: colora la lettera **Q**. Ripassa il tratteggio e scrivi la parola. Quante sono le paperette? Cerchia il numero giusto.
Competenze: scoprire e conoscere la lettera **Q**. Esercitare la scrittura.

137

R

R R R R R R R R R R R R R R

RANA

RANA

RUOTA

RUOTA

RICCIO

RICCIO

Attività: colora la lettera **R**. Ripassa il tratteggio e scrivi la parola. Che verso fanno le rane?
Competenze: scoprire e conoscere la lettera **R**. Esercitare la scrittura.

S S S S S S S S S S S S S

SOLE
SOLE

SEMAFORO
SEMAFORO

SERPENTE
SERPENTE

Attività: colora la lettera **S**. Ripassa il tratteggio e scrivi la parola. Quante sono le lucine del semaforo?

Competenze: scoprire e conoscere la lettera **S**. Esercitare la scrittura.

139

T

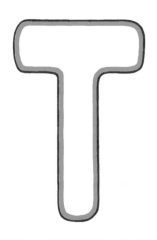

T T T T T T T T T T T T T T T T

TORTA

TORTA

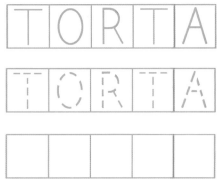

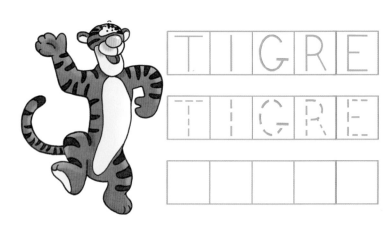

TIGRE

TIGRE

TARTARUGA

TARTARUGA

Attività: colora la lettera **T**. Ripassa il tratteggio e scrivi la parola. È più lenta la tartaruga o la tigre?

Competenze: scoprire e conoscere la lettera **T**. Esercitare la scrittura.

V

V V V V V V V V V V V

VIOLA

VIOLA

Z

Z Z Z Z Z Z Z Z Z Z Z

ZANZARA

ZANZARA

Attività: colora la lettera **V**. Ripassa il tratteggio e scrivi la parola. Le zanzare fanno il miele?
Competenze: scoprire e conoscere la lettera **Z**. Esercitare la scrittura.

141

Si dichiara che

l'alunn...

....

ha frequentato con ottimi risultati
l'anno scolastico

....

Le insegnanti

....

....

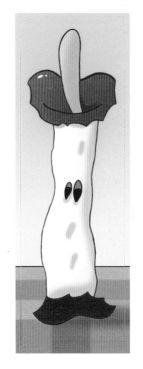
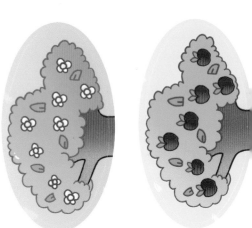

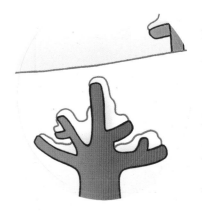